**Lucien Scheer**

# Adagio Bellissimo

Recueil de Poèmes

© 2021, Lucien Scheer
Édition : BoD-Books on Demand,
12/14 rond-point des Champs-Élysées,
75008 Paris.

Impression : BoD-Books on Demand
Norderstedt, Allemagne

ISBN : 978-2322-269-778

Dépôt légal : Juillet 2021

# A mes lecteurs

*Je vous emmène en balade le long
de ce lac paisible où un doux Adagio,
d'une cascade de mots caresse l'onde.*

*A coups de virgules et de points
je sème des jardins, de syllabes, de voyelles, je
cueille les vers, j'en fais des bouquets.*

*Au cours de cette promenade, je suis votre guide,
de la nostalgie du passé, de l'amitié,
de l'amour, j'éclaire l'ombre du monde,
j'écris la beauté de la vie.*

A Hilde,
mon épouse

# Remerciement

A Louis Désir

pour la mise en page et le design de la couverture

son aide informatique et
sa relecture attentive et bienveillante

## Adagio Bellissimo

Beauté de lumière
De nos regards qui se croisent
Musique de nos silences.

Adagio sublime
Des premiers murmures
Du premier baiser.

Allegro de nos corps à corps
De nos doigts
Qui cherchent les accords.

Crescendo des notes
Qui de nos désirs
En font des extases.

Adagio langoureux
Diapason de nos étreintes
Harmonie de jouissance.

# Comme un gamin

Auprès de toi, je me sens si jeune
Quand je te vois sourire
Tu fais renaître le printemps.

Dès que tu parles
Je suis comme un enfant,
qui veut jouer à cache-cache,
Comme un enfant
qui décrocherait la lune
Et là ferait rebondir.

Auprès de toi, je me sens si jeune
Toi et moi,
nous sommes deux gamins

Qui se courent après,
Cueillent les fleurs sauvages,
Courent après les papillons,
Se cachent dans les meules de foin

Auprès de toi,
mon coeur résonne au son du blues
mes cheveux sont devenus gris
Mais de ton soleil,
je me sens si jeune.

# Le grand vert

Symphonie d'émeraude,
d'aiguilles aux reflets d'opaline,
Somptueux habit à crinoline.

Le Grand Vert, noble et fier,
de ses racines, du profond de la terre
raconte le temps des aïeux.

Des troupeaux qui effleuraient son tronc,
des âmes solitaires et gémissantes,
des romances sous ses branches.

Il se souvient
des farandoles des enfants,
du retour des alouettes,

et la Muse cachée en son cœur
murmure encore les sonnets
des poètes, chantant leurs rimes.

La mélancolie berce ses branches,
l'hiver, il frissonne, se pare
d'étoiles et de cristaux d'argent.

Il connaît ce village paisible,
de ces joies et chagrins,
son cœur s'émeut.

# Les quatre saisons

Bourgeons de Printemps
    Rêves de boutons
    Que j'aime ouvrir.

    Fleurs d'Eté
    Rêves de fleurs
Que j'aime assouvir.

Feuilles d'Automne
    Rêves de forêts
Que j'aime découvrir.

    Flocons d'Hiver
Rêves de sommets
Que j'aime franchir.

## La vie

Cette peinture,
que l'on retouche,
selon l'âme du jour.
Ombres et lumière,
parfois se mélangent,
parfois se combattent.

Ce poème,
de mots de chaque jour,
pour crier l'Amour,
pour peindre les saisons,
pour allumer les passions.

«Cette phrase inachevée» (Victor Hugo)
de beautés oubliées,
de trésors enfouis
au fond des cœur.

Ce piano qui cherche les notes
d'une symphonie inconnue.

## Etre Poète

C'est regarder chaque jour la vie,
d'un oiselet assoiffé,
d'un peu d'eau l'abreuver,
d'un sourire,
essuyer la tristesse.

Etre Poète,
d'une fleur chaque jour,
s'éblouir de bonheur,
regarder le monde,
demander l'amour,
donner son âme,
écrire ces mots
que l'on ne peut oublier.
S'offrir les bras ouverts
pour être aimé.

Etre Poète,
être présent et absent,
être l'autre pour être soi ,
à coup de virgules et de points
fleurir la vie de gouttes de voyelles.
Ouvrir des lucarnes,
pour s'éblouir du soleil.
s'extasier des ténèbres,
des joies d'un enfant.

# Au pied de l'arbre

Sur chaque branche de ma vie
des mots s'assemblent,
prennent racine.

Ces mots du passé
que je conjugue au présent,
racontent mon histoire.
Ils se bousculent,
me font voyager,
rire, sourire, pleurer.
Ils s'accrochent aux branches
comme des espoirs,
comme des fruits,
que je savoure.

Magie de ces mots,
qui à chaque saisons,
réveillent les senteurs
du bonheur de vivre.

Souvent,
je parle à ma vie,
je lui dis:
Il me semble que je t'aime.

# Pour ton amour

Pour une flamme de vie,
pour un soleil,
je serai le roi.

Je serai une abeille,
tu seras la reine,
tu seras la ruche,
dont je goûte le miel.

Je serai tourtereau,
tu danseras au son de ma voix.

Je serai poète,
tu seras la plume,
je serai l'encre,
tu seras le miroir de ma vie.

Sous l'arbre du temps passé,
je regarde ton ombre,
je cherche l'étincelle,
qui embrase le feu.

Le volcan qui dans son cratère,
garde les souvenirs.

## **Entremets**

Comme un poème
d'épices et de douceurs,
sur une assiette blanche.

De romarin et de thym,
de quelques mots
enrobés de chocolat.

D'îles flottantes,
Volupté en dérive,
Saveur de nos lèvres
qui se couvrent d'écume.

# Le chineur

J'aime les brocantes,
les vieux chandeliers,
éclairants le baiser de la nuit.

Les amours antiques
sous la poussière du temps

Abandonnés,

Dans un coin du grenier
s'enroulent dans les nuages.

La beauté d'un vieux clou rouillé,
qui relève la tête.
Des vieilles portes qui grincent
soupirent quelques souvenirs.

Pour dérouler les cheveux de l'orage,
je collectionne les peignes.


Pour le sourire d'un bouquet,
un vase de cristal.


Pirate des amours d'antan,
j'écoute le murmure de la mer.
D'un coquillage perdu
je navigue dans le temps

D'un morceau d'étoile,
j'en fait mon firmament.

## Une femme

Cet astre inconnu,
Cette beauté de l'âme,
qui charme les saisons.
cette primevère,
qui au printemps,
découvre ses épaules.

Que de poètes se sont perdus,
que de peintres se sont égarés
dans ce regard.

De ce sourire
qui émerveille les fleurs.


«Ses yeux sont si profonds,
qu'en me penchant pour boire ,
j'ai vu tous les soleils se mirer»
( Louis Aragon / Les yeux d'Elsa 1959)

## Une feuille blanche

Une soif d'écrire,
un zeste de rêve
dans un nuage blanc.

Pris au piège de la passion,
des mots, de nostalgie,
de jardins secrets aux amours éternels,
je ne peux vivre sans elle.

Sans elle,
le printemps serait sans couleurs,
les montagnes sans vallées.

Dans l'ombre de la nuit,
de l'aile d'un pélican,
quand elle se pose auprès de moi,
elle découvre les roses sous la neige,
elle caresse la tendresse,
elle peint la beauté.

A l'aurore,
quelques gouttes de rosée,
ouvrent les yeux
du poète endormi.

# Le poète de l'ombre

Je suis ce nomade,
une ombre errante,
perdue qui cherche le chemin.
Parfois au détour d'un fossé,

Le silence d'un homme,
Le chant d'un oiseau.

Ces moments sans mots,
sans parole,

Quand
le regard traverse la nuit,
que la porte s'ouvre,
que l'orage se fait ballerine,
que le soleil déshabille l'ombre,
d'une lumière inconnue.

## Ce temps

Je le conjugue
Au passé, au présent,

Je l'espère au futur,
Comme un mirage,
au fil de l'âge,

Le temps se couvre.

Peu importe la richesse,
Peu importe la pauvreté,
Peu importe la puissance.

Ainsi les vies,
Comme les abbayes se figent,
Comme les livres sans histoire,
les mémoires oublient.

Ainsi les marionnettes dansent,
mais les cordes se brisent.
Le monde se drogue de futiles plaisirs,
Les dieux, les tyrans, les despotes,
de mensonges se gorgent.

Il y a un temps,
quand on doit s'arrêter
quand on doit penser.

# La danse du vent

De cet horizon lointain,
De ses ailes invisibles,
Soudain, il apparaît,

Comme une lumière,
Comme un voilier,
Au coucher de soleil
d'une aile d'oiseau
il dessine la vie.

De la beauté du monde,
des îles d'amour,
Il souffle sur la mer
des frissons de plaisirs.

Comme la liberté,
Comme les vagues ,
D'un murmure d'Adagio
D'un manteau d'écume,
il voile l'amertume.

# Le portillon

Quelques mots d'amour,
D'un sourire à la vie,
Des larmes d'une rose.
De ce jardin secret
Aux senteurs de bonheur,
j'écris la beauté.

D'un été trop court,
de la rosée, de l'amitié
à la passion,

Je sème l'espérance.

De graines de joie,
De ciel bleu, d'étoiles,
au sable fin du rivage,
Je vagabonde au gré
des clapotis de la fontaine.

De cette solitude

J'ouvre le portillon,
Je te donne la clef,
La pluie côtoie le soleil.

Ecoute la source,
Regarde passer le temps,
Cueille la beauté de la vie.

## Souvenez-vous

J'avais un rêve...
C'était une nuit silencieuse,
des cordes d'une harpe,
j'écoutais les étoiles.

Dans la nuit profonde,
des îlots de paix s'allumaient,
des nuages blancs rêvaient.
Le ciel si bas, enlaçait la terre.

Un berger, des moutons,
des cheminées, une fumée blanche.
Sous le ciel,
le rêve d'un enfant.

## Acrostiche de l'amour

**A**imer c'est savoir le dire,
**I**lluminer le ciel,
**M**agnifier la beauté,
**E**tre pour l'autre,
**R**affiner les différences.

**E**blouir le soleil,
**T**enter l'impossible.

**R**edevenir enfant,
**E**tonner les étoiles,
**S**aisir le bonheur,
**P**artager la joie,
**E**t d'un sourire
**C**omprendre l'inconnu
**T**racer le chemin,
**E**nflammer la glace,
**R**approcher l'inconcevable.

**AIMER ET RESPECTER.**

# N'oublie jamais

Cette chance de naître,
cueille les fruits,
hume le parfum de la rose.

Du creux de ta main,
offre le meilleur,
du bout de tes doigts
caresse le lendemain.

D'un sourire,
éteint la haine,
oublie les nuages,
regarde le ciel.

N'oublie jamais,
ils se sont aimés
du bleu de tes yeux
au blond de tes cheveux,
fil-à-fil,
ils ont tissé ta vie.

# La Joconde

Souvent,
j'ai regardé son visage.
De ce sourire secret,
de ces lèvres frémit
le parfum de mes rêves.

Comme le vent sur les falaises,
d'un baiser de mer,
d'une symphonie,
apaise mon âme.

De la lumière de son regard
chantent les anges,
dansent les astres.

Comme une énigme

Comme un désir,

Comme la joie de l'amour,
allume ses yeux.

# Une mélodie de velours

Une brise légère
dans ses cheveux
jouent une mélodie,

Et la musique,
une rivière, une cascade
que le temps ne peut arrêter.

Je me penche,
sur la douceur de sa peau,
caresse ses cheveux
comme un papillon une fleur.

Je suis seul,
je regarde sa beauté,
j'oublie les nuages,
De bleu je peins les arbres.

Un instant seulement,
je ne suis plus,
j'aime simplement.

Du soleil de ses yeux,
je m'endors,
Et la mélodie ne s'arrête pas.

# A la table des anges

Comme une fleur,
au parfum de la vie,
cherche son chemin.
d'une soif d'amour,
mon âme,
cherche son destin.

D'une corolle de poésie,
je cache mon bonheur.
D'un baiser de douceur printanière,
je m'enivre de beauté.

"Les fleurs du printemps sont les rêves de l'hiver
racontés, le matin, à la table des anges"
(Khalil Gibran)

# Ce n'est pas

L'heure d'un poème,
Pas l'heure de l'amour,
Ce n'est plus l'heure de la paix,
C'est l'heure de la puissance.

Les mots ne parlent plus,
tels des bombes, ils tombent,
au hasard, ils éteignent des regards.
Des larmes coulent,
des yeux hagards cherchent la lumière.

Que de balles perdues,
que de petits anges dans le ciel !
L'horreur du passé,

Déjà oubliée.

# Ainsi

La vie est une gare,
un départ, une arrivée.

Certains s'égarent,
cherchent la voie,
d'autres se perdent.

Donne ta main à ce berger
qui te conduira dans les prairies,
des herbes tendres, de ta vie
fera un ciel d'étoiles.

Que ton printemps
soit les quatre saisons,
Que ton hiver,
soit ce feu de bois
qui allume la tendresse.

Ainsi,
coule la rivière,
d'un lac s'émerveille.

Ainsi,
les étoiles dans le ciel,
chaque nuit rêvent.

## De ton sourire

Aux reflets de tes yeux,
Au miroir de ton visage,
J'habille mes jours
D'un jardin de Monet.

Aucun soleil,
Qu'il soit de printemps
D'été, ne caresse ma peau
De la douceur de tes lèvres.

De ton sourire
Qui aime en silence
Dont je cherche les mots
Dont je peins ma vie.

Quand il s'éclate en rire,
je ne peux retenir
Mes mains pour le cueillir,
Mes bras pour le garder.

# Le lac blanc

La femme que j'aime
est une rose au printemps,
D'un rideau rouge
elle ouvre sa corolle.

Sur un lac mystérieux,
Un ballet de lumière
où dansent les étoiles,
où chantent les violons.

La femme que j'aime
quand elle se déshabille,
Comme le ciel au vent,
Comme un coucher de soleil,
Comme un lys blanc
dans le baiser de la nuit.

Mes rêves sur un lac blanc,
à l'encre de chine
sur une feuille blanche.
Une plume de cygne
d'un ballet de Béjart,
de satin blanc,
enivrent mes poèmes.

# Mes racines

Puis-je vous l'écrire,
ce souvenir,
de mes grands-parents.

Ils m'ont aimé
ils m'ont bercé,
ils m'ont adoré.

Puis-je vous le dire,
que je ne peux oublier,
que j'étais ce flambeau.

Encore, je pense à eux,
de leurs joies, du bonheur
de leurs yeux étoilés.

Je suis leur racine,
je suis leur amour,
je suis leur mémoire.

Puis-je vous décrire,
ces années sans récolte,
ces années sans moisson.

Au profond de la terre,
des grenades et des bombes
d'un monde immonde,
enracinaient la haine.

Quand les larmes,
quand leurs prières et l'amour,
de leur labeur,
ont semés le bonheur.

# Un ange

Ce matin,
Couvre de ses ailes
la terre meurtrie.

Quelques flocons de neige
Se fondent en larmes,
dans le silence.

Une colombe perdue,
Déploie ses ailes blanches
et disparaît sous le ciel lourd.

Ce matin, je vous écris,
Mon âme est triste,
Solitaire dans ce monde déchiré.

Un ange blanc,
Prend ma plume,
Apaise ma rancœur,
d'une manne céleste.

## Sans le savoir

Je voyageais dans ses yeux,
d'une brise de velours,
la douceur de ses paupières
caressait ma peau.

Sur le rivage de ses lèvres,
au sourire d'une rose,
je me baignais de soupirs.

Sans le savoir,
dans l'océan de sa chevelure,
D'une écume d'étoiles,
je rêvais de poissons d'argent.

De ses doigts,
Une cascade de notes
dansait au bord de l'eau
sous un doux Adagio.

# Canicule

Le soleil d'un souffle brûlant
accable mon être,
ma plume tremble,
mes vers se brisent.

L'air brûle, d'une fournaise,
embrase la forêt de mes rêves.

Au crépuscule,
J'arrose cette fleur,
qui d'un parfum de savane
apaise ma Muse.

Tel un arbre,
je ne peux trouver l'ombre,

De mes poèmes,
je cherche la source,
mais l'eau ne coule plus.

## **La caresse du vent**

Je vous l'accorde
qu'un vent doux,
d'une feuille a bercé mon âme.

Que cette caresse,
que ce souffle,
D'un bonheur m'a emporté.

De mots bleus
je voulais là séduire.
D'un murmure,

Comme un voilier
qui glisse sur l'onde,
Seul avec le vent pour amant,

Je caressais le monde,
Je découvrais ces mots
qui dansaient dans ses cheveux.

## Du jardin de mon cœur

Je sème les fleurs
comme mes rêves,
d'un parterre de couleurs.

Chaque printemps,
quand le soleil séduit la lune,
quand le merle chante.

De quelques perles de rosées,
les roses ouvrent leur corolles
J'aime ces beautés si fragiles.

Comme un enfant,
de quelques gouttes d'amour,
je souris à la vie.

Quelques larmes de souvenirs
font fleurir mes poèmes.

# Elle est

Ce poème dont je cherche les vers,
Ce mot que je ne trouve pas,
Ce mystère qui trouble ma vie.

Un lac où je me noie,
Une rivière où je pose mes lèvres,
Un regard où je me perds.

Son sourire efface la pluie,
Ses yeux éclairent mes nuits.

Elle est,
Cette chance de bonheur,
Le soleil de mes jours sombres,
Une plume légère,
Une colombe blanche,
Un papillon qui bourdonne,
Une fleur dans mon cœur.

Cette feuille de menthe,
Qui embaume ma vie.

Dans son cœur forteresse,
Je suis prisonnier,
Condamné à vie pour l'aimer
Est une douce peine.

## Une pluie fine

D'une mélodie divine,
se noie dans un vers
sur une page au parfum de langueur.

Les mots s'écoulent,
de frissons tremble ma plume,
d'une virgule soupire le temps,
efface le blanc des nuages.

Une pluie fine goutte à goutte
rempli la feuille.

De ces années perdues.
Je ne sais quels chemins,
quelles routes,
mon âme demande.

Mon corps oublie les caresses.
Je veux écrire,
Ces baisers que je n'ai pu donner.

## Instant de vie

La bise, le froid,
cette station de métro
qui s'ennuie des regards éteints
qui se croisent.

Assis sur un banc,
mon esprit voyage,
au gré des rames
qui se croisent.

Assis sur un banc,
je bois le silence,
mon âme, comme un oiseau,
sur une branche, parle aux arbres.

D'un instant de bonheur,
d'un pinceau, je repeins ma vie.
de bleu, je couvre les peines,
d'un arc-en-ciel cache la grisaille.

Soudain les roues d'un grincement sinistre
écorcent les rails,
des hommes, des femmes se bousculent,
se précipitent vers leur destin.

Qu'il est bon
d'être assis sur ce banc,
la tête remplie de souvenirs.

## Que je me souviens

Du café noir à l'aurore,
quand le coq chantait le réveil,

Du parfum du lard qui fondait,
emplissait la chaumière,
de saveurs mystérieuses,
envoûtaient mes papilles.

Dans ce petit village,
blotti au fond des Ardenne,
comment oublier ces années,
quand j'étais " Petit Prince",
Cette terre lourde et sensuelle
qui s'attachait à mes mains.

Dès que le printemps s'allumait,
d'une baguette magique,
telles des pâquerettes,
les jeunes filles souriaient,
telles des biches elles gambadaient,
Séduisantes,
sous un soleil au goût de miel,
d'une douceur angélique,
faisaient battre mon cœur.

Que je me souviens
de mes grands-parents,
Elle Bertha, Lui Émile,
Ils s'aimaient, se disputaient,
Comme des gamins.

## Sans cesse

Des murs se dressent,
sans lumière, sans fenêtres,
des oiseaux noirs nichent,
la haine en bandoulière,
ils guettent leurs proies.

Crachent la terreur, tuent,
Offre le sacrifice, à leur prophète,
à leur dieu pour un paradis.

Perdu dans le désert,
j'écris mes souffrances
dans le sable
Où le vent les emportera.

Je grave dans la pierre,
mes amours, mes joies, mes amis
Où rien ne pourra les effacer.

Une colombe pleure

# Aux portes des rêves

Quand le soleil s'endort,
que les arbres soupirent,
que les ruisseaux rêvent d'eau.

Quand j'entrelace la terre,
que d'un souffle d'amour
les falaises deviennent vallées.

Quand l'ombre de mes désirs
devient des étoiles,
que le soleil se voile,
que plein de toi je m'endors.

Alors, mon âme vagabonde,
au hasard des chemins,
ivre de poésie,

D'une brise bleue
au parfum de l'aurore entoure la forêt.

De longs cheveux d'or,
Tombent du soleil,
cueillent la lueur de tes yeux.

.

# Quand on a plus l'amour

Que l'on n'a que les dents
pour mordre la vie,
pour oublier son âme.

Que les yeux sont aveugles,
ne voient plus les larmes,
oublient la lumière.

Alors les mains sans caresse,
oublient la tendresse,
la douceur d'une mère.

Quand on n'a plus l'amour,
que le cœur devient sourd,
que l'on ne peut plus aimer.

Quand on a plus que la haine,
comme unique bagage,
alors, les mains se referment,

Les étoiles s'éteignent,
la lumière est ténèbres,
le cœur n'est que pierre.

# Le couloir du désespoir

De ce bateau sans équipage.
En dérive, des vies sans lendemain,
cherchent une escale.

Certaines arrivent,
Certaines quittent.

Des âmes souffrent du désert,
les yeux vides vers le ciel
prient des dieux inhumains.

De larmes et de désespoir,
Ils cherchent la terre,
où la misère doit se taire.

Ils s'accrochent aux grillages,
en attente d'un couloir, d'un espoir.
pour eux, la vie n'est rien...
qu'un refrain
qui se répète sans fin.

# Que vous soyez

Chrétien, Païen ou Crétin,
Mon arbre de Pâques,
Couvert d'œufs
de poule ou de canard,
je vous l'offre.

Œufs blancs comme neige,
j'ai péché la joie.

Mes rêves chantent
De toutes les couleurs.

Œufs bleus,
comme la méditerranée,
allument les yeux des enfants.

Œufs jaunes,
de petits poussins
qui découvrent le soleil,
pépient de bonheur.

Boules d'Amour, de Tendresse
de toute les religions,
de ma chasse au bonheur
je vous offre la paix.

# La dance des rubans

De mes vers, de mes rimes,
je déroule le temps,
bout à bout, j'entrelace
mes tristesses et mes joies.

De rubans de lumière,
de rubans de dentelle,
j'enroule mes souvenirs.

De rubans de couleurs,
de vert j'entoure la terre,
de bleu le ciel et la mer.

D'une douce brise de poésie,
Des demoiselles si belles,
d'un ruban de lune,
je couvre leurs épaules.

De quelques gouttes de rosée,
sur leur cou posées,
d'un ruban de soie,
j'enlace leur cœur.

## **Soleil**

Un Roi a pris ton nom,
de rayons d'Or a couvert son château,
de ta beauté a éclairé sa cour.

Un Peintre,
aux levants de rosée,
aux couchants des rêves
de ta lumière,

A couvert ses tableaux.

Moi, qui ne suis, ni Roi, ni Peintre,
dont le cœur est brouillard,
dont l'âme est pluie,

D'un arc-en-ciel,
accroche un sourire
à mes lèvres timides.

# Blizzard

Hurle, le vent du nord,
souffle des démons de toute part,
le blizzard m'entoure.

Glacé, je pleure des cristaux,
J'ai peur, des rafales de haine,
de la guerre qui couvent la terre,
de ces nuages gris aux couleurs d'acier,
de ces monstres qui se déchaînent.

Je veux le printemps,
Blotti, comme un oiseau dans son nid,
auprès de toi,
je cherche le soleil.

## A l'aurore

Quand la terre s'éveille
dans quelques bruissements de draps,
Seul, tout seul, je l'épie.

Tel une vierge, timidement,
discrètement, découvre ses secrets.
Seul, tout seul, je l'admire.

Elle m'entoure d'une ombre blanche,
M'entraîne dans une farandole.
Seul, tout seul, je danse avec elle.

Des muses aux voix mystérieuses
De Victor Hugo se souviennent,
Et chantent…

«Ô Terre, ô merveille

Que je t'aime!»

## Peinture de notre amour

Une palette de couleurs
Pour créer un rêve
Que nous voulons vivre
Un monde sans peur.

Rouge de la passion
Couleur de l'amour
pour toujours,
comme un ciel éternel.
Orange d'un coucher de soleil.

Toi, ma femme dans mes bras,
Qui ensemble rêvons
Que toujours ainsi sera.

Parfois, nous courons
sur la plage de sable jaune.

Sous un rayon de soleil d'or,
nous brûlons nos corps.
Nous dansons dans les prés verts
Dans l'herbe tendre,
nous roulons nos cœurs et nos âmes.
Et notre vie n'est qu'amour.

Le soir, assoupis
Comme, dans les contes de Grimm,
dans un nuage rose
nous peignons la terre
de nos rêves.

# L'éveil du printemps

Un violon triste, pleure
La froideur du vent du nord,
Pince ses cordes des langueurs
d'un bonheur disparu.

L'âme brisée,
il couvre son chagrin
de quelques notes d'un piano
aux accents oubliés.

Le ciel se découvre,
quelques rayons de soleil,
aux allures printanières,
couvrent le mirage.

Quelques primevères imprudentes,
se dévoilent sous les feuilles,
à la recherche de leurs nouvelles toilettes.

Un moineau cherche sa clé de sol,

Quelques demoiselles aux épaules dénudées,
s'enivrent des douceurs
des premiers baisers du printemps.

# Être,

S'éblouir des ténèbres,
Déshabiller l'amour
pour en faire une beauté.

Courber les mots
à coups de poings et de virgules
pour en faire une sculpture.

Regarder, observer,
pour être soi,
pour être l'autre.

S'inventer à nouveau,
pour oublier la solitude,
pour cacher la peur.

Construire des rêves,
Jouer avec les mots
pour vivre dans la joie.

# Combien

De je t'aime
pour essuyer les larmes
de la haine et de la guerre.

Combien?
Pour briser le silence,
la tempête et l'orage.

Combien de je t'aime
pour allumer les yeux hagards,
pour dessiner un sourire.

Combien
de souvenirs, de regrets
pour un je t'aime oublié.

Combien d'amour ?
pour un premier je t'aime.

# A petits pas

Côte à côte,
ils cheminent, ainsi
chaque jour.

Mot à mot,
à chaque pas,
répètent les mêmes choses.

Se tiennent la main,
peur de partir,
l'un sans l'autre.

Le dos voûté,
frêle tel un voilier
au grand vent,
ils se serrent l'un contre l'autre
caressent leur peau,
de tendresse se baigne.

Clopin-clopant,
nos petits vieux
prennent leur temps.

A petits pas, heureux
ils cheminent, ainsi
chaque jour.

## Lettre à une inconnue

Depuis sa fenêtre,
ouverte sur le monde,
elle écrit cette lettre.

Au soleil, ses mots d'espoir,
son amour, sa tendresse,
Lumière de sa vie.

Tel un diamant solitaire
Rayon d'un amour éternel
Parsemé d'étoiles

Que même la nuit ne peut ternir.
Elle écrit, chaque jour,
à cette inconnue, sans adresse.

La fraîcheur du soir,
se fait sentir,
elle ferme sa fenêtre,
glisse la lettre sous son oreiller.

Dans les bras de Morphée
s'endort ,

Rêve à cette inconnue,
Sa VIE.

# Liberté

Enchaînée de toutes parts
Singeries du pouvoir
Statue ou Tour.

Tu n'es plus que chimères,
Qu'un symbole éphémère,
D'un rêve perdu.

Otage de l'argent,
Bafouée, insultée, violée
Tu n'es plus que ruine.

Prisonnière
des grands de ce monde,
de tes assaillants,
je te défendrai.

Tel un chevalier,
Sur mon blason
j'écris ton nom.

«J'écris ton nom» Paul Eluard.

# Une bouteille à la mer

Sous le soleil couchant
Une encre jetée,
sur un papier jauni,
des taches de détresse.

Enroulée de vagues d'amertume,
une bouteille à la mer,
sur le sable mouvant.

Ancre du désespoir
d'une vie en dérive.
Appel aux secours,
sous un soleil mourant.

# Une plume

Pour entrouvrir,
Les cœurs trahis
par la haine.

Pour offrir,
ce que certains
n'ont pu donner.

Pour écrire,
Ce que d'autres
n'ont pu dire.

Pour couvrir,
le froid, la tristesse,
par le sourire.

Pour retenir,
les larmes,
que certains
ne peuvent entendre.

Pour crier,
le silence,
la paix,
l'amour de vivre.

# Silence

« Seul le silence
est grand
tout le reste
est faiblesse »
Alfred de Vigny

Ni des mots mélodieux
Ni le nom de mon Dieu
Je ne dirai rien.

De nos Amours,
De nos Plaisirs,
De ta Beauté,
De la Haine,
De ces démons insidieux,
Je ne dirai rien.

Mon âme pleure,
Mon cœur souffre,
Je ne parlerai pas.

## Si seulement un instant

Je pouvais arrêter le temps
Du sourire d'un enfant
D'un rêve impossible.

Je cherche sans répit
Cette horloge sans cadran
Ce jardin qui ne cesse de fleurir.

Un instant seulement,
Suspendre le temps
Le peindre juste pour l'arrêter
Et le pendre à mon chevet.

Un instant seulement,
M'enivrer de mots sans paroles
Du silence de la nuit
Du soleil du jour.

*« En mémoire des enfants, des êtres humains qui dans l'horreur quittent la terre qu'ils ont aimée. »*

# PARIS
## "Fluctuat nec mergitur"

Amis les Humains
Des âmes pleurent
Des larmes coulent
Des nuages de haine
couvrent les cœurs.

Amis les Humains
Vers le ciel tendez vos mains
De vos Libertés
faites une Citadelle
De vos Joies
faites un Gratte-ciel
De votre Amour
éclairez la Tour Eiffel
De vos Espoirs
écrivez l'Histoire.

# Table des matières

Adagio Bellissimo ..................................... 7
Comme un gamin ..................................... 8
Le grand vert ........................................... 9
Les quatres saisons ................................. 10
La vie ..................................................... 11
Etre Poète .............................................. 12
Au pied de l'arbre .................................. 13
Pour ton amour ...................................... 14
Entremets .............................................. 15
Le chineur ............................................. 16
Une femme ............................................ 17
Une feuille blanche ................................ 18
Le poète de l'ombre ............................... 19
Il y a ce temps ....................................... 20
La danse du vent .................................... 21
Le portillon ........................................... 22
Souvenez-vous ...................................... 23
Acrostiche de l'amour ............................ 24
N'oublie jamais ..................................... 25
La Joconde ............................................ 26
Une mélodie de velours ......................... 27
A la table des anges ............................... 28
Ce n'est pas ........................................... 29
Ainsi ...................................................... 30
De ton sourire ........................................ 31
Le lac blanc ........................................... 32
Mes racines ........................................... 33
Un ange ................................................. 34
Sans le savoir ........................................ 35
Canicule ................................................ 36
La caresse du vent ................................. 37

Du jardin de mon coeur ........................................ 38
Elle est.................................................................. 39
Une pluie fine...................................................... 40
Instant de vie ...................................................... 41
Que je me souviens ............................................ 42
Sans cesse ........................................................... 43
Aux portes des rêves .......................................... 44
Quand on a plus l'amour .................................... 45
Le couloir du désespoir ..................................... 46
Que vous soyez .................................................. 47
La dance des rubans ........................................... 48
Soleil ................................................................... 49
Blizzard ............................................................... 50
A l'aurore ............................................................ 51
Peinture de notre amour ..................................... 52
L'éveil du printemps .......................................... 53
Être, .................................................................... 54
Combien? ........................................................... 55
A petits pas......................................................... 56
Lettre à une inconnue ........................................ 57
Liberté ................................................................ 58
Une bouteille à la mer ....................................... 59
Une plume .......................................................... 60
Silence................................................................. 61
Si seulement un instant ..................................... 62
PARIS "Fluctuat nec mergitur" ......................... 63